AF497352

UN GENDRE AU CASSOULET

DU MÊME AUTEUR :

SONATE EN MI, comédie. 1 50
MONSIEUR FUME, comédie. . . . . 1 »
MISS VIOLETTE, comédie. . . . . 1 »
ENTRE LES DEUX !... comédie . . . . 1 »
LA MÈCHE D'OSCAR . . . . 1 »

Imprimerie générale de Châtillon-sur-Seine. — Pichat et Pepin.

UN
GENDRE AU CASSOULET

COMÉDIE EN UN ACTE

PAR

LÉON SAZIE

PARIS

LIBRAIRIE THÉATRALE
14, RUE DE GRAMMONT, 14

—

1893

PERSONNAGES

BOUCABEILLE. . . . .
GONTRAN. . . . .

UN
GENDRE AU CASSOULET

La scène représente un appartement de garçon, chambre
à coucher élégante, à droite une porte ; à gauche, un lit
à rideaux fermés. — Au fond, une cheminée surmontée
d'une glace, pendule, flambeaux, etc. ; dans un cadre
une photographie. — Une table, fauteuils et chaises.

SCÈNE PREMIÈRE

GONTRAN, seul.

GONTRAN, il est en habit de soirée.

Là !... me voilà comme on dit sur mon trente et
un !... Mon habit tombe bien ?... Oui ! La taille est
bien cambrée !... Je suis en sifflet, mais pas en sifflet d'un sou !... Retroussons un peu la moustache...
à la russe !... Autrefois, on appelait cela à la mous-
quetaire !... Mais depuis l'union franco-russe !...
Ah ! ça y est !... Espérons que cette mode favorisera
une autre union... qui ne regarde en rien l'équilibre
européen... mais qui équilibrera le bonheur de ma
vie !... (Il se regarde dans la glace.) Parfait !...Piquons
maintenant le gardénia... (Il sort la fleur d'une petite

boîte et la place à sa boutonnière.) Eh... Fort joli!... Il a un petit air penché... tout à fait sentimental... Si elle comprend le langage des fleurs, elle saisira la délicate allusion!... Oui, mais il ne me paraît pas bien solide... s'il venait à se décrocher... cel serait désastreux pour le langage des fleurs!... Je vais le consolider... Une épingle?... là!. . (secouant son doigt.) Oh !... les hommes ne sauront jamais mettre une épingle!... Tandis que les femmes avec leurs petits doigts sont d'une adresse!... C'est du reste la dernière fois, je l'espère du moins!... que je me rends ce service à moi-même, car bientôt... oui bientôt!... Ça y est!... Il tient cette fois... (Il remue, s'incline comme s'il saluait.) Il tient !... Mes gants. (Il les prend.) Si je mettais un soupçon de parfum?... (Il prend le vaporisateur et le fait fonctionner.) De celui qu'elle aime!... Une buée, un rien!... (On frappe à la porte.) On frappe?... Qui peut venir à cette heure?... (criant.) Entrez!... Un télégramme sans doute?... Quand on est dans le commerce! Une forte commande probablement?... Je suis ce soir dans une atmosphère de bonheur!... Entrez donc!...

Il reprend son vaporisateur.

SCÈNE II

GONTRAN, BOUCABEILLE.

BOUCABEILLE, très joyeux.

Qué!... Bien le bonsoir!...

Il est chargé de paquets, de petits pots, de parapluies, etc.

GONTRAN, surpris.

Bonsoir!... Mais je n'attends aucune livraison... Vous vous êtes trompé d'étage, mon brave homme...

BOUCABEILLE.

C'est bien l'entresol ici?...

GONTRAN.

Parfaitement.

BOUCABEILLE.

Alors, je ne me suis pas trompé... La concierge m'a dit : à l'entresol... Essuyez vos pieds!... J'ai essuyé mes pieds et me voici à l'entresol.

GONTRAN.

C'est pour mon voisin dans ce cas!

BOUCABEILLE.

Non! le voisin est à gauche... vous à droite, la concierge m'a dit : à droite!...

GONTRAN.

Il y a erreur dans l'envoi.

BOUCABEILLE.

Il n'y a pas d'envoi puisque j'apporte moi-même!

GONTRAN.

Je vous affirme que ce n'est pas pour moi.

BOUCABEILLE.

Je vous affirme que si... Vous êtes bien Gontran Durondeau, représentant de commerce ?

GONTRAN.

Parfaitement.

BOUCABEILLE.

Donc, c'est pour vous !...

GONTRAN.

Mais je vous le dis encore... Je n'attends rien !

BOUCABEILLE.

Parbleu... C'est une surprise !... Une douce surprise !... Elle est au miel...

GONTRAN, étonné.

Au miel ?

BOUCABEILLE.

Et aux fruits confits !...

GONTRAN.

Je n'y comprends rien !... Me direz-vous enfin
d'où cela m'arrive ?

BOUCABEILLE.

De Narbonne, mon bon !...

GONTRAN.

De Narbonne !

BOUCABEILLE.

De la maison César Boucabeille, junior !... Ah
ça !... Voyons !... Vous ne me reconnaissez pas ?...
Regardez-moi bien...

GONTRAN.

Ah ! très bien !... J'y suis... César Boucabeille,
junior : miel, fruits confits... vin et primeurs...
Adresse télégraphique : Boucabeille, Narbonne ! Je
me rappelle.

BOUCABEILLE.

Je le savais bien !... Dans le premier moment, la

surprise, l'émotion... au milieu de ces paquets...
vous avez hésité... Mais maintenant vous me re-
mettez !... Alors, aidez-moi, à mettre ces paquets
sur la table... (Gontran le débarrasse.) Hé !... doucement... doucement !... (Rangeant les pots sur la table.)
Bien... Ça y est !... Ouf !... Ouf !... Et maintenant,
mon cher Gontran, une bonne poignée de mains !...
Té !... ça me fait bien plaisir de vous revoir !...

GONTRAN.

Je suis très heureux aussi !...

BOUCABEILLE.

C'est que voilà tantôt trois ans, qué !... qu'on ne
s'est pas vu !...

GONTRAN.

Trois ans... déjà !...

BOUCABEILLE.

Et je me languissais de vous voir... de vous ser-
rer la main !...

GONTRAN.

Moi aussi... Je me languissais, comme vous dites...

BOUCABEILLE.

Alors je me suis dit : Qué !... Si nous allions voir
enfin ce bon Gontran ?... J'ai pris le train...

GONTRAN.

Et vous êtes venu voir ce bon Gontran... C'est
très gentil, ça... très gentil !... Mais, maintenant
que vous l'avez revu, ce bon Gontran...

BOUCABEILLE.

Maintenant je suis content... très content !
Il lui prend les mains et les secoue violemment.

GONTRAN, impatienté.

Bien !... Bien !... alors vous reviendrez... Je vous reverrai... une autre fois... Là... cher ami... au plaisir... (Il cherche à l'entraîner vers la porte.) car je vous avouerai que...

BOUCABEILLE.

Vous étiez occupé... hé !... Je vous vois en habit... avec une fleur... un jardinia !... des gants clairs et en train de bsi ! bsi ! bsi !... (Il fait le geste du vaporisateur.) de vous pomper du parfum...

GONTRAN.

Oui... Je suis un peu pressé... On m'attend... J'allais sortir...

BOUCABEILLE, s'assied, très calme.

Hé bien, mon bon, allez !... Ne vous gênez pas !... Allez.

GONTRAN, inquiet.

Mais, vous ?...

BOUCABEILLE.

Moi ?... (souriant.) Vous ne voulez pas m'emmener, je suppose ?

GONTRAN, vivement.

Ah non !... par exemple !

BOUCABEILLE.

Alors, je vais vous attendre !... Indiquez-moi où je pourrai me coucher.

GONTRAN, ébahi.

Vous voulez coucher ici ?

BOUCABEILLE.

Mais oui!... Oh! pas longtemps... à cause de mes
affaires qui me réclament à Narbonne... pas longtemps... Quinze jours tout au plus...

GONTRAN, sursautant.

Quinze jours?... Rien que cela?

BOUCABEILLE.

Mettons vingt!... J'irai peut-être jusqu'au mois
si vous insistez...

GONTRAN.

Je n'insiste pas... au contraire!... Je ne suis pas
un aubergiste... On ne descend pas chez moi à pied
ou à cheval...

BOUCABEILLE.

Non, mais du chemin de fer... Mais les amis de
Narbonne et César Boucabeille junior, c'est diffé-
rent!... Et puis vous m'avez offert l'hospitalité, si
gracieusement, si généreusement...

GONTRAN.

Moi?

BOUCABEILLE.

Il y a trois ans!... Quand vous êtes venu à Narbonne pour les vins... Je vous ai fait traiter de
bonnes affaires... Vous vous en souvenez, qué?
Vous étiez enchanté!... Alors, vous m'avez dit :
Mon cher Boucabeille... voilà mon adresse... Quand
vous viendrez à Paris... Vous serez toujours le bien-
venu chez moi!...

GONTRAN.

C'est vrai... Je me le rappelle... C'est exact!...

Mais en voyage on dit tant de choses... Quand je vous ai dit cela, je ne pensais pas...

BOUCABEILLE.

Que je viendrais ?

GONTRAN.

Non !... Mais que vous tomberiez ici dans un moment pareil, quand je suis pressé... très pressé...

BOUCABEILLE.

Mon bon, je vous le répète : ne vous gênez en rien pour moi... Allez à vos petites affaires... Allez...
Il se lève, tend à Gontran son claque.

GONTRAN, enfile nerveusement ses gants.

Huit heures !... On m'attendait à huit heures... Je vais être en retard. (A part.) Et ce méridional qui ne veut pas s'en aller... Je n'ai pas le temps de discuter avec lui... Ma foi, je le laisse !... (Il prend son claque des mains de Boucabeille.) Je vous laisse !...

BOUCABEILLE.

Bien... Au revoir !... Que vous êtes beau... Et que vous sentez bon !... (Il le sent.) Qué... Attendez... pas assez de ce côté... (Il prend le vaporisateur et parfume Gontran.) Là, bsi ! bsi ! bsi !...

GONTRAN, se sauve.

Assez ! Assez ! Merci !...

Il sort.

BOUCABEILLE.

Pour un représentant de commerce... il représente bien...

SCÈNE III

BOUCABEILLE, seul.

BOUCABEILLE.

Il est charmant, ce garçon, bon, franc, honnête
et très entendu aux affaires !... Il m'a plu tout de
suite... Il y a trois ans, à Narbonne nous avons fait
connaissance au café du Commerce. Nous avons
parlé, causé, discuté... pour un Parisien, il ne cause
pas trop mal... Alors je lui ai fait traiter quelques
achats avantageux chez des amis. Il a dû gagner
beaucoup d'argent... Puis je l'ai emmené à la maison chez moi... il a dîné avec nous... Dans la soirée, il nous a raconté des... comment appelez-vous
ça? des monologues!... Et il a chanté des duos avec
ma fillette, ma Flavienne... C'était charmant... il a
une jolie voix... Je vous le dis, c'est un garçon des
plus agréables... Aussi quand il m'a dit : Boucabeille, venez chez moi en ami, sans façon... je me
suis promis de venir... et je suis venu !... C'est très
bien chez lui... Bien meublé,... bien arrangé... On
sent l'homme du monde. (Il fait le tour de la chambre, et s'arrête devant la descente de lit.) Té... des pan-
toufles !... Ah quel bonheur !... Si je les mettais?...
Parbleu... Pourquoi pas ?... Je suis chez un ami...
(Il les met.) C'est curieux comme en chemin de fer les
pieds gonflent... On croirait que ce sont les voya-
geurs qui poussent le train... Ah... on se sent plus
à l'aise !... (Il fait quelques pas. Avisant un vêtement sur
le canapé.) Et ça ?... Qu'est-ce que c'est ?... Té !... La
robe de chambre. Il a toutes les commodités, ce gar-

çon... Si je la mettais aussi ?... (Il ôte son pardessus et revêt la robe de chambre.) Ouf !... On respire mieux !.. J'agis sans façon... là ! en ami... Je parie que si je faisais autrement, si Gontran apprenait que je me suis gêné, il se fâcherait !... Passons maintenant ma calotte d'intérieur... (Il la prend dans la poche de son pardessus et la met.) Bravo !... me voilà tout à fait à mon aise !... (Il se promène.) Je dois être bien comme ça !... Il faut que je m'admire. (Il remonte, va à la glace.) Superbe... (Avisant la photographie.) Té !... Une belle dame !... (soupçonneux.) Est-ce que ?... Est-ce que ce serait ?... Diable !... Diable !... (Peiné.) Pauvre Flavienne !... Tant pis... Enfin je saurais... Nous verrons !... (Il descend vers ses paquets.) En attendant, exposons les petits cadeaux... (Il les range sur la table.) Ici le miel... là les confits !... Quand Gontran rentrera, il pourra les goûter... Et ce qu'il sera content !... Ce qu'il sera content !... (La porte s'ouvre brusquement, Gontran paraît ; il est furieux.) Té !... Le voilà justement !...

SCÈNE IV

BOUCABEILLE, GONTRAN.

GONTRAN, avec colère jette son chapeau sur un meuble, ses gants sur un autre.

Je m'en doutais !...

BOUCABEILLE, à part.

Hoy !... Il n'a pas l'air bien joyeux...

GONTRAN, marchant nerveusement.

Hé bien, au fond... je suis content !... Je suis très content !...

BOUCABEILLE, à part.

On ne le dirait pas.

GONTRAN, l'apercevant.

Qu'est-ce que c'est ?... Comment encore vous ?... Dans mes effets !...

BOUCABEILLE, souriant.

Oui !... Vous m'avez dit de faire comme chez moi.

GONTRAN.

Ah ! Ce que vous auriez bien fait d'y rester chez vous, dans votre Narbonne !...

BOUCABEILLE.

Pourquoi ?...

GONTRAN.

Vous êtes cause de tout ce qui m'arrive...

BOUCABEILLE.

Tant mieux !...

GONTRAN.

Comment ! tant mieux ?

BOUCABEILLE.

Té !... Vous disiez, là, à l'instant que vous étiez très content, alors je dis : tant mieux !...

GONTRAN.

Ah ! ne plaisantons pas !... Je ne suis pas en humeur de rire !... J'ai plutôt envie de frapper, de casser, de démolir.

BOUCABEILLE.

Enfin, expliquez-vous... Car vous avez une joie singulièrement furieuse... Vous dites que c'est à cause de moi... Je n'y comprends rien !... Parlez !... Expliquez-moi.

GONTRAN.

Vous m'avez fait manquer mon rendez-vous!...

BOUCABEILLE, étonné.

Moi!...

GONTRAN.

En me retenant ici.

BOUCABEILLE.

Mais c'est une erreur, mon bon... Je ne vous ai pas retenu, au contraire je vous ai dit d'aller où vous alliez... et même pour que vous soyez plus beau, je vous ai pressé la poire!...

GONTRAN.

Vous m'avez pressé la poire?...

BOUCABEILLE.

Là. Bsi!... Bsi!... Celle à parfum...

GONTRAN.

Bien, mais malgré votre bsi! bsi!... elle était partie!...

BOUCABEILLE.

Qui, partie?

GONTRAN.

Elle!... Juliette!...

BOUCABEILLE, désignant la photographie.

Ah! la Juliette... de la cheminée...

GONTRAN.

Oui. Une jeune veuve, que j'adorais... J'avais indirectement sollicité sa main... Elle devait me donner une réponse ce soir à l'Opéra-Comique...

BOUCABEILLE.

C'est une chanteuse ?

GONTRAN.

Mais non ! Mais non !... A Paris, les mariages se font à l'Opéra-Comique.

BOUCABEILLE.

Drôle d'idée !... Pourquoi cela ?...

GONTRAN.

Sans doute parce que l'Opéra-Comique se trouve presque en face du Palais de Justice... Un pont seulement à traverser et on peut divorcer !... Ah ! mais je n'aurais même pas besoin de franchir le pont !...

BOUCABEILLE.

Elle n'était donc pas à l'Opéra-Comique ?...

GONTRAN.

Non !... Voici le coupon de la loge... Elle m'avait bien promis d'y venir cependant... Et savez-vous où elle est allée... le savez-vous? Aux Variétés !...

BOUCABEILLE.

Souvent femme varie !... Mais comment avez-vous appris, vous ?

GONTRAN.

Sa femme de chambre me l'a dit... J'ai voulu en avoir le cœur net ! Je suis allé aux Variétés. Elle y était... dans une loge grillée !...

BOUCABEILLE.

Grillée !...

GONTRAN.

Et savez-vous avec qui... le savez-vous ?... Avec Dubois.

BOUCABEILLE.

Elle était grillée avec Dubois !...

GONTRAN.

Dubois... mon ami qui devait pour moi lui demander sa main...

BOUCABEILLE.

Ah !... Il l'a gardée pour lui...

GONTRAN.

Mais il ne la gardera pas longtemps... Je le tuerai...

BOUCABEILLE.

Du calme, mon bon... Du calme !

GONTRAN.

Comprenez-vous une pareille perfidie... une pareille trahison... J'étais moi...

BOUCABEILLE.

...le préféré... et elle prend l'autre... Ça ne m'étonne pas... Votre veuve aime le changement.

GONTRAN.

Oui ! mais voilà ma vie, manquée... finie, à présent !...

BOUCABEILLE, souriant.

Oh que non !...

GONTRAN.

J'en ai assez de cette existence de garçon... dans ma chambre d'hôtel... de manger au restaurant des plats du jour, d'un jour douteux !... Puis rester seul, toujours seul avec un cigare, sans affection autour de moi... Personne à qui parler à cœur ou-

vert !... Je suis jeune encore... mais je me sens tour-
ner au vieux garçon... au maniaque... Pouah !...

BOUCABEILLE.

Tandis qu'avec une gentille petite femme on a un
gai chez soi, plein de fleurs, de sourires, de ca-
resses !... A table des plats qu'on aime, des chatte-
ries... des marmots qui vous grimpent aux jambes,
qui crient, cassent tout... c'est charmant !... Et jamais le moyen de se mettre en colère... on a toujours des boutons aux cols des chemises... Et quand
on devient vieux, on est bien choyé par tous, et
bon papa recommence une vie avec les enfants de
ses enfants... C'est là, mon bon, le bonheur !... C'est
ce que vous enviez, n'est-ce pas ?...

GONTRAN.

Oui ! Mais n'y songeons plus... ma vie est manquée... désormais elle sera remplie d'amertume !...

BOUCABEILLE, résolument.

Mettons-y de la douceur... (Il défait un pot et le lui
présente.) Tâtez-moi ça !... Tâtez...

GONTRAN.

Du miel ? Mais...

BOUCABEILLE.

C'en a-t-il du parfum... de la saveur... de la cou-
leur, hé ?...

GONTRAN, dégustant.

En effet !...

BOUCABEILLE, même jeu avec un second pot.

Et ces fruits confits ?... Tenez, une prune !.. C'est
du nectar de prune... Tâtez ! tâtez !...

GONTRAN, même jeu.

Succulent !...

BOUCABEILLE.

Ah ! vous n'en goûterez pas souvent de pareilles...
On n'en trouve pas dans le commerce... C'est trop
fin... trop délicat. . trop soigné !... Ce sont des fruits
de famille !

GONTRAN.

C'est un vrai régal !

BOUCABEILLE.

Parbleu !... Ah !... dites-moi... (Il s'approche de Gontran et confidentiellement.) Est-ce qu'elle sait faire le
miel ?...

GONTRAN, ne comprenant pas.

Qui donc ?

BOUCABEILLE, insistant.

Et les fruits confits ?...

GONTRAN, id.

Mais de qui me parlez-vous ?...

BOUCABEILLE.

La !... Hé ?... (Désignant la photographie.) La dame
qui s'est grillée !...

GONTRAN.

Non ! Où voulez-vous qu'elle ait appris à faire du
miel et des fruits confits ?

BOUCABEILLE.

Qu'est-ce qu'elle sait faire alors ?

GONTRAN.

Ce que toutes les jeunes femmes savent faire à
Paris... causer...

BOUCABEILLE.

Oh, ça, partout, elles le savent trop!... Et puis?...

GONTRAN.

Broder!...

BOUCABEILLE.

Pas repriser?...

GONTRAN.

C'est l'affaire des lingères... Chanter... jouer du piano...

BOUCABEILLE.

Un point... C'est tout !... Et le cassoulet?...

GONTRAN.

Le cassoulet?...

BOUCABEILLE.

Oui. Elle ne sait pas faire le cassoulet?...

GONTRAN.

Dame, non!...

BOUCABEILLE.

Et c'est avec ça... en sachant seulement bavarder, broder, chanter, pianoter... et pas de cassoulet... qu'elles croient faire le bonheur d'un ménage, vos femmes de Paris!...

GONTRAN.

Le bonheur ne consiste pas dans le cassoulet, cependant!

BOUCABEILLE.

Si, monsieur!... Le mari... ne porte pas des broderies... une ou deux romances lui suffisent, tandis qu'il mange tous les jours, et plusieurs fois par jour...

GONTRAN.

Il a sa cuisinière, ça la regarde...

BOUCABEILLE.

Non, monsieur. Ça regarde la maîtresse de maison. Votre cuisinière vous fabrique à déjeuner parce qu'elle est payée pour cela, mais votre femme seule sait faire de chaque plat un régal... C'est du moins comme ça à Narbonne!... Et quelle différence avec Paris !... Tenez... (Avec fierté.) comparez nos estomacs!... Est-ce que le vôtre, dans son petit gilet, sous son mince plastron, peut donner seulement une idée du mien!...

GONTRAN.

Parbleu, vous êtes...

BOUCABEILLE.

...obèse et âgé!... Mais j'étais presque comme ça à trente ans!... Oui, mon bon !... Je pesais trois cents à votre âge!... Mais aussi quelle vigueur!... Quelle santé!... Quelle joie!... J'avais cent trente-sept de tour de taille!... A Paris, ce n'est peut-être pas bien porté... mais à Narbonne nous en sommes bien portants!...

GONTRAN.

Fort bien. Mais où voulez-vous en venir avec votre système métrique et votre cassoulet?

BOUCABEILLE.

A ceci : c'est que j'ai été heureux toute ma vie... et que ma bonne Micheline, ma pauvre femme qui faisait si bien le cassoulet, ne m'a causé pendant trente ans de mariage qu'une douleur... inguérissable celle-là!... en me quittant pour monter là-haut où vont les braves gens et les bonnes épou-

ses!... A ceci : que j'ai des enfants... qui auront la
même vie que moi, des garçons pleins de santé, qui
savent rire et sont heureux... une fille, ma Flavienne, un ange de beauté... Ah! rassurez-vous,
pas dans mon genre!... dans celui de sa mère!...
Sa mère qui lui a laissé avec sa probité, son intel-
ligence, sa grâce, sa science du bonheur intime de
la maison et son secret pour...

GONTRAN, riant.

:.. la réussite du cassoulet!...

BOUCABEILLE.

Vous l'avez dit!... J'en viens à ceci! Que vous
voilà ici agacé, nerveux, triste dans cet hôtel avec
personne à qui parler à cœur ouvert... à qui faire
partager vos ennuis, vos projets d'avenir... toujours
seul, en bec à bec avec un cigare... l'âme brouillée
par l'isolement et l'estomac délabré par le restaurant.

GONTRAN.

C'est vrai!...

BOUCABEILLE.

Cependant vous êtes un aimable homme, plein
d'esprit, d'activité et vous vous morfondez... vous
vous pesez à vous-même, vous êtes las de la vie et
croyez votre existence gâchée.

GONTRAN.

Hélas!

BOUCABEILLE.

Alors moi, Boucabeille junior, de Narbonne, qui,
dans ma ronde enveloppe, cache un bon cœur, je

me dis : Il ne faut pas que cet excellent garçon
tourne au croque-mort, et je vous tends la per-
che !... Ça, mon ami, voyons. Vous avez une grande
déception à cause de la veuve aux variétés matri-
moniales... mais entre nous est-ce que vous l'ai-
miez tant que cela ?

GONTRAN.

Mon Dieu... je...

BOUCABEILLE, avec élan.

Bravo !... Pas de colère, donc pas d'amour !... Hé
bien, mon bon, il faut lui rendre la pareille... lui
jouer un bon tour... comme à l'Opéra-Comique !...
Hé... vous me comprenez ?...

GONTRAN, ne saisissant pas.

A l'Opéra-Comique ?...

BOUCABEILLE.

Vous m'avez dit que les mariages se faisaient là...

GONTRAN.

Oui !... Mais à présent impossible... Voici mon
coupon de loge... Il est trop tard...

BOUCABEILLE.

Du tout... la loge a été retenue... Elle n'a pas
servi cette fois... Ce coupon est donc nul ; c'est une
perte de quelque argent, voilà tout... Hé bien, tout
ainsi votre cœur a été retenu par cette coquette,
mais il n'a pas servi, non plus ! Il est demeuré
vide !... C'est une perte de temps, de frais de toilette,
de fleurs... de bsi ! bsi ! bsi !... voilà tout... Bientôt
vous n'y penserez plus... Vous retournerez au spec-
tacle... mais cette fois, avec moi... C'est moi qui
vous emmènerai...

GONTRAN.

Je ne comprends pas... mais pas du tout...

BOUCABEILLE.

Je vais parler clair : ma fille, Flavienne, vous vous la rappelez ?...

GONTRAN.

Très bien. Une jolie fillette, avec de grands yeux noirs veloutés, un sourire charmant et deux tresses superbes de cheveux bruns, comme une petite pensionnaire...

BOUCABEILLE, ravi.

C'est elle !...

GONTRAN.

Elle avait un gentil talent sur le piano et une voix ravissante... Vous rappelez-vous, Boucabeille, les duos que nous fîmes ensemble ?... surtout celui de Mireille ?... Vous rappelez-vous !...

BOUCABEILLE.

C'était ravissant.

GONTRAN.

Ah ! j'ai passé dans votre famille, mon cher ami, grâce à votre cordiale hospitalité des soirées pleines de gaîté et de charme... Ce sont peut-être les soirs les plus heureux de ma vie... car à Paris, le tourbillon...

BOUCABEILLE.

Brou !... Mon bon Gontran, venez vous reposer chez nous de ce tourbillon !... Flavienne sait de nouveaux duos... elle a toujours sa douce voix, ses

grands cheveux, ses jolis yeux et son bon sourire...
Elle sera seulement un peu troublée en vous re-
voyant...

GONTRAN.

Pourquoi cela, la mignonne ?

BOUCABEILLE.

Parce que... (vivement.) Comment avez-vous trouvé
le miel ?

GONTRAN.

Délicieux, je vous l'ai dit.

BOUCABEILLE, id.

Il vient de ses abeilles !... Et les confits ?

GONTRAN.

Exquis !...

BOUCABEILLE.

Elle les a faits pour vous...

GONTRAN.

Pour moi ?...

BOUCABEILLE.

Oui, pour vous... Ah! la pauvrette... Je suis son
père, mais j'ai eu là, le nez et l'œil de sa maman...
Sans s'en rendre compte... sans le savoir... avec
toute la naïveté, la candeur de son petit cœur, elle
vous aime!...

GONTRAN, surpris.

Elle m'aime!... que m'apprenez-vous là!... Flavienne est encore une fillette... Elle a à peine seize
ans.

BOUCABEILLE.

Oui, depuis trois ans !... C'est une petite femme
maintenant qui sera une épouse accomplie... sachant rendre heureux son mari. Elle vous aime...
Votre cœur est libre... son souvenir vous est resté
d'une façon charmante... vous êtes donc prêt à l'ai-
mer aussi.

GONTRAN, riant.

J'ai trouvé délicieux son miel, ses fruits confits
et son cassoulet.

BOUCABEILLE, enthousiasmé.

Son cassoulet ? Vous aimez le cassoulet ?...

GONTRAN.

Souvenez-vous, j'en redemandais toujours deux
fois à Narbonne...

BOUCABEILLE.

Alors vous voulez y revenir goûter ?...

GONTRAN.

De grand cœur !...

BOUCABEILLE.

Mais je ne vous ai pas dit quelle dot...

GONTRAN.

Peu m'importe, je suis assez riche pour...

BOUCABEILLE.

Je mettrais bien près d'un million dans la cor-
beille.

GONTRAN.

Mes enfants seront heureux... Pour moi, je ne
vous demande que Flavienne, son amour, votre
amitié, et...

BOUCABEILLE.

...chaque dimanche un énorme plat de cassoulet!...
Et notre table sera ouverte à tous les braves gens,
qui voudront se refaire l'estomac et ragaillardir
leur cœur endolori, au contact de notre bonheur!...

FIN

Imprimerie générale de Châtillon-sur-Seine. — Pichat et Pepin.